有元葉子

無水鍋で料理する

文化出版局

単純明快で潔い、メイド・イン・ジャパン

毎日台所に立っていると、使いやすい鍋に自然に手がのびていることに気づきます。軽くてこの上なくシンプルで、しかも料理をおいしくすることを追求している鍋といえば、私は無水鍋を一番に挙げます。無水鍋を使うと「料理って、こんなに簡単だったかしら？」と思うくらいに、早く楽に調理ができます。

炊く、煮る、蒸す、焼くのはもちろん、オーブン代りにもなって、ふたも鍋として使えるという一器多様性。

すべてアルミ製でつなぎ目のない単純明快な作り。その上頑丈で、壊れるところがいっさいありません。

余分なものがついていないということは、手入れも簡単です。

食材自身の水分を充分に生かして加熱するので、うまみも凝縮。

こんなに無駄がなくて潔い鍋は、ありそうでなかなかないものです。
アルミはステンレスに比べてぐんと軽く、熱伝導率も高い。しかもこの鍋の場合は厚手なので蓄熱性にも優れています。
無水鍋はしっかりとした厚みがあって火のあたりがやわらかく、その上、ふたと鍋がぴたりとかみ合う構造のため、水分や熱を逃がしません。
つまり、閉じられた鍋の中で循環する蒸気で、

蒸すように料理することができる、それが無水鍋の大きな特徴です。

本書では「蒸す」「蒸し煮」「蒸焼き」、そして「炊く」と無水鍋が得意とする調理法を中心にご紹介していきます。

母から私へと譲られ、五〇年以上も愛用してきた無水鍋。今新たに、若い世代からも支持されていると聞き、うれしく感じています。

皆さんに長く愛用していただけたらと願ってやみません。

①

蒸す

蒸すように料理する

鍋の中で循環する蒸気によって、食材に火を通す方法です。ゆでるのとは違ってうまみを逃さないので、その持ち味を存分に楽しむことができます。鍋に水を注いで蒸し板を敷き、食材をのせて、ふたをして火にかけます。最初は強火、沸騰したら弱火に。火の通りぐあいは、竹串を刺してすっと通るまでが目安。アレンジがきくのも蒸し物ならではです。

*蒸し板は蒸し物専用の低い足つきの板。鍋のサイズより少し小さいものを選びます。

ベーコン、にんにく、スパイスが、かぼちゃの甘みを引き立て味わい絶品です。ベーコンのうまみとレモンの風味がきいているので、ワインやビールによく合います。

蒸しかぼちゃの中東風サラダ

材料 ●4人分 ●口径20cm

かぼちゃ　¼個

ドレッシング

- ベーコン　80g
- にんにく　1〜2かけ
- レモン汁　½〜1個分
- こしょう、チリパウダー　各少々
- クミンパウダー、クローブパウダー、シナモンパウダー　各小さじ⅔
- 塩　適量
- オリーブオイル　大さじ3

準備 鍋に水1〜1½カップを注ぎ、蒸し板を敷く。

1 かぼちゃはわたと種を取り除き、適当な大きさに切って蒸し板にのせ（A）、ふたをして強火にかける。沸騰したら弱火にして竹串がすっと通るまで（B）10分ほど蒸す。

2 ドレッシングを作る。ベーコンは食べやすく切って、フライパンでかりかりにいため、脂をきる。にんにくはスライスして、同様にいためる。これらをボウルにとり、そこにレモン汁（C）からオリーブオイルまでの材料を順に加え、混ぜ合わせたら、かぼちゃを入れてあえる。

A

B

C

マリネした鶏肉をこんがり焼きつけてから、玉ねぎとセロリをいためてうまみを添え、白いんげん豆、スープストックなどを順に加えて、ふたをしてコトコトと煮ます。鶏と豆の滋養が丸ごといただける料理です。

鶏と白いんげん豆の煮込み

材料 •4人分 •口径24cm

鶏もも肉（骨つき） 2本

A｜塩、こしょう 各少々
　｜にんにく（おろす） 1かけ分
　｜ドライオレガノ 小さじ1

玉ねぎ（みじん切り） 1個分

セロリ（みじん切り） 1本分

白いんげん豆（ゆでたもの）*
2カップ強

ミニトマト 15個

ローリエ 2〜3枚

スープストック
（鶏または野菜） 適量

塩、こしょう 各適量

オリーブオイル 大さじ3

1 鶏もも肉は関節のところで切り分け、Aをまぶしておく。

2 鍋を火にかけて熱し、オリーブオイル大さじ2を入れて、1の鶏肉に焼き色がつくように焼く。

3 2を取り出し、残りのオイルを足して、玉ねぎとセロリを透き通るまでいため、鶏を戻す。ゆでた白いんげん豆、ミニトマト、ローリエと、スープストックをひたひたよりやや少なめに加えて、塩、こしょうをしてふたをする。

4 弱火で40分ほど静かに煮込み、味をみて足りなければ塩を補う。

*豆のゆで方
ボウルに豆とたっぷりの水を加えて一晩おく。鍋に吸水させた豆と新しいたっぷりの水を入れて火にかけ、煮立ったら一度ゆでこぼし、新しい水で弱めの火でコトコトとゆでる。かぶる程度の水を足しながら1時間ほど煮て、やわらかくなったら火を止める。冷めたらゆで汁ごと小分けにして、フリージングパックに入れて冷凍保存すると便利。1か月を目安に使いきる。ひよこ豆の場合は吸水時間を長くして、同様にゆでる。

② 蒸すように料理する

蒸し煮

ふたを閉めた状態で加熱すると、煮物や煮込み料理も蒸すように煮ることができます。食材が早くしっとりと煮え、うまみの溶け出した煮汁の深い味わいといったら！　料理によっては、スープを透明にしたい、水分を早く飛ばしたい、吹きこぼれを防ぎたい、など状況はさまざま。そんなときには、ふたをずらしたり、はずしたりして臨機応変に調節します。

蒸焼き

③ 蒸すように料理する

鍋を火にかけて熱し、オリーブオイルを入れて食材を入れ、それからふたをして中まで火が通るようにじっくりと加熱する方法です。食材からの水分が蒸気になって蒸すように焼かれるのでかたくならず、うまみがぎゅっと濃縮されます。ちょっぴり焦げることもありますが、それがまた香ばしく、いい風味になります。上火はないものの、オーブン代わりにもなる調理法です。

A

B

焼き野菜

大きく切ったかぼちゃににんじん、丸ごとの玉ねぎをじっくり時間をかけて焼きます。少し焼き色がつくまでこんがり焼いた野菜はぐんと甘みを増します。野菜料理のごちそうをどうぞ。

1 鍋を熱してオリーブオイルを入れ（A）、かぼちゃ、玉ねぎ、にんじん、にんにくを入れて（B）ふたをし、中火弱で蒸焼きにする。

2 途中上下を返し、串がすっと通ったら、焼けた順に取り出す。食べやすく大ぶりに切って器に盛り、フルール・ド・セル、オリーブオイル、バルサミコ酢を適量ふっていただく。

材料

● 作りやすい分量 ● 口径20cmまたは24cm

かぼちゃ　1/6個
赤玉ねぎ　1個
にんじん（皮つきのまま、縦半分に切る）
　2本分
にんにく　2〜3かけ
フルール・ド・セル（塩）、
　オリーブオイル、
　バルサミコ酢　各適量

厚いふたで圧をかけて
炊く

「羽釜で炊いたご飯の味をもう一度」そんな願いから生まれた無水鍋は、鍋とふたがぴたりと合う機能的な構造によって、自然な圧力をかけながら高温を保つ理想的な条件で米を炊くことができます。おいしく炊くこつは、吹くほど充分に沸騰させてから強火を弱火に下げること。またおこげを作りたければ炊き上がった頃に火を強めて耳をすまし、10秒くらい。ぴちぴちと弾けるような音が聞こえたら、おいしいおこげができたサインです。火を止めてあと5分蒸らします。

塩むすび

ご飯は塩むすびにするのがいちばんおいしいと思います。表面はしっかり、中はふんわりやわらかくなるよう、手加減しながらむすびます。

A

材料 ●作りやすい分量 ●口径20cm

米　3合
水　3カップ
塩、手水　各適量

1 米は3回ほどといでざるに上げる（または吸水させておく）。30分したら鍋に米と1割増しの水を入れて（A）ふたをし、強火にかける。

2 しっかりと沸騰してきたら（B）（わからないときは煮立っているかどうか、ふたを開けて確認）、ごく弱火にして15分炊く。

3 火を止めて5分ほど蒸らす。ふたをあけ（C）、さっくりと上下を返す（D）。

4 あつあつのご飯を計量カップなどにとって量を決め（E）、水と塩をまぶした手に受けて、両手で転がしながら手早くむすぶ（F）。冷めても絶品（G）。

*おむすびにしないときは、炊きたてをおひつに移すとおいしさが保たれる。
*鍋が冷めると、鍋肌についたご飯は自然にはがれてくる。

E

F

D

B

G

C

目次

本書の決り

○本書で使用している計量カップは200㎖、
計量スプーンの大さじは15㎖、小さじは5㎖です。1㎖は1cc。
○米の量を表わす1合は180㎖です。
○塩は自然塩を使用しています。
また、フルール・ド・セルと表記しているのは、フランス・ゲランド産の海塩です。
ミネラル分が多く、うまみが感じられる塩です。
○オリーブオイルはすべて、エキストラバージンオリーブオイルを使用しています。
○無水鍋は加熱すると鍋全体がたいへんに熱くなります。
必ず鍋つかみを使用してください。

単純明快で潔い、メイド・イン・ジャパン 2

蒸すように料理する① …… 蒸す 蒸しかぼちゃの中東風サラダ 4
蒸すように料理する② …… 蒸し煮 鶏と白いんげん豆の煮込み 6
蒸すように料理する③ …… 蒸焼き 焼き野菜 8
厚いふたで圧をかけて …… 炊く 塩むすび 10

蒸す

じゃがいものアンチョビーバター 14
シンプルなポテトサラダ 15
かぼちゃのニョッキ 16
里芋の黒ごまあえ 18
里芋のしょうゆ焼き 19
グリーンアスパラガスとグリーンマヨネーズ 20
ブロッコリーのベーコンドレッシングあえ 21
蒸しなすのイタリア風サラダ 22
翡翠なすの辛みだれあえ 23
レモン蒸し鶏とハーブのサラダ 24
蒸し手羽先のしょうゆ揚げと刻みねぎスープ 27
太刀魚の梅蒸し 28
豆腐としいたけの蒸し物 30
鶏そぼろの茶碗蒸し 31
鯛の飯蒸し 32

蒸し煮

緑野菜のスープ蒸し 34
夏野菜のオリーブオイル煮 35
なすの梅干し煮 36
なすとピーマンとみょうがのしょうゆ煮 39
いんげんのトマト煮込み 40
ひよこ豆とじゃがいものペースト 41
かぼちゃの甘煮 42
大根としらたきの煮物 43
かぶと油揚げの煮物 44
じゃがいもと鮭の粕汁 45
あさりの紹興酒蒸し煮 46
いわしのしょうが炊き 47
いわしのオリーブオイル煮 48
鮭のワイン蒸し、パセリソースがけ 49
鶏肉のごぼう巻き 50
白菜と豚肉の蒸し煮 52
豆とソーセージとキャベツの蒸し煮 53
ゆで豚のメープルしょうゆ煮 54
ゆで豚の辛みみそとサニーレタス添え 56
豚の汁そば 57
ミートソーススパゲッティ 58
ミートボールのミニトマト煮込み 60

きんぴら2種

きんぴらごぼう 62
なすの皮のきんぴら 63

蒸焼き

焼き蓮根 64
めかじきのオリーブオイル焼き 65
鶏とじゃがいもの蒸焼き 66
豚肉とベーコンとキャベツの蒸焼き 67
牛肉のたたき 68

炊く

里芋の炊込みご飯 70
あさりとじゃがいものご飯 72
トマトピラフ 74
あさりと豚肉のターメリックライス 76

身もふたも鍋になる

アンチョビーのパスタ 78
きのこのアヒージョ 79

オーブン代りになり、オーブンウェアになる

トマトとケイパーのフォカッチャ 80・83
玉ねぎとローズマリーのフォカッチャ 81・82
豚肉のオーブン焼き 84

デザート

あんずの蒸しバターケーキ 86
レモンの蒸しケーキ 88
ビスケット 89

蒸す

じゃがいものアンチョビーバター

材料

・作りやすい分量　・口径20cmまたは24cm

じゃがいも　適量

アンチョビーバター

- アンチョビーフィレ　1缶
- 有塩バター　80g
- にんにく（おろす）　1かけ分
- パセリ（みじん切り）　大さじ2

じゃがいもは蒸し上がった順に取り出せば、大小あっても上手に蒸せます。あつあつのうちにじゃがいもがいっそうおいしくなるアンチョビーバターを添えていただきます。

準備　鍋に水1～1½カップを注ぎ、蒸し板を敷く。

1　じゃがいもはよく洗って蒸し板にのせ、ふたをして強火にかける。沸騰したら弱火にして竹串がすっと通るまで20～25分ほど蒸す（写真）。

2　アンチョビーは油をきり、有塩バター、おろしにんにく、パセリと混ぜ合わせる。

3　あつあつのじゃがいもにアンチョビーバターをのせていただく。

*アンチョビーバターは、じゃがいもにのせやすいよう、冷蔵庫に入れてかたさを調節。

シンプルなポテトサラダ

じゃがいもが温かいうちにワインビネガーと塩で下味をつけておきます。仕上げは加える食材も最小限に、ワインビネガーとオリーブオイルのドレッシングですっきりした味つけに。

材料 ●4人分 ●口径20cm

じゃがいも　4個
白ワインビネガー、塩　各少々
きゅうり　3本
玉ねぎ　1/2〜1個
A｜オリーブオイル　大さじ4
　｜白ワインビネガー、
　｜　塩、こしょう　各少々

準備 鍋に水1〜1 1/2カップを注ぎ、蒸し板を敷く。

1 じゃがいもは洗って蒸し板にのせ、ふたをして強火にかける。沸騰したら弱火にして竹串がすっと通るまで20〜25分ほど蒸す。

2 きゅうりは小口切り、玉ねぎは繊維を断つよう細切りにする。合わせて塩（分量外）もみし、水気が出たらしっかり絞る。

3 1の皮をむいてボウルにとり、フォークでざっくりと割って、温かいうちに白ワインビネガーと塩をふりかけておく。

4 3のじゃがいもに2を入れ、Aを順に加えてよく混ぜる。

かぼちゃのニョッキ

蒸したかぼちゃを裏ごしして、薄力粉と混ぜてニョッキを作ります。セージ風味のバターソースをからめれば満足感一杯の一皿に。

材料 ●作りやすい分量 ●口径20cm

かぼちゃ　¼個
薄力粉　かぼちゃの約⅓量
卵黄　1個分
バターソース
　有塩バター　大さじ2～3
　オリーブオイル　少々
　セージ　3～4本

A

B

C

準備 鍋に水1～1½カップを注ぎ、蒸し板を敷く。

1 かぼちゃはわたと種を取り除いて皮をむき、適当な大きさに切って蒸し板にのせ、ふたをして強火にかける。沸騰したら弱火にして竹串がすっと通るまで10分ほど蒸す。

2 1を取り出して裏ごしする（A）。またはフードプロセッサーにかける。これをボウルに入れ、薄力粉をざるでふるい入れ（B）、卵黄を加えてよくこねてなめらかにする。かぼちゃの持つ水分量によって、粉の分量を加減する。生地がもっちりとした感じになればいい。

3 手粉（分量外）をつけ、2を直径2cmほどのひも状にのばして、1・5cm幅に切り分け、丸めて中央を押す（C）。鍋にたっぷりの熱湯を沸かして塩（分量外）を加え、2分ほどゆでる。浮いてきたらゆで上り。

4 ゆでている間にソースを作る。鍋を弱火にかけ、有塩バターとオリーブオイルを温め、セージを入れて香りを出す。ゆで上がったニョッキを加えて合わせる（D）。

D

蒸す

里芋は大きさによって蒸し時間を加減し、蒸し上がったものから取り出します。ねっとりと蒸された里芋に、黒ごまのあえ衣で風味よくヘルシーに。

里芋の黒ごまあえ

材料 •作りやすい分量 •口径20cm

里芋　5個

あえ衣

- いり黒ごま　大さじ4〜5
- 砂糖　大さじ1
- しょうゆ　小さじ2〜3
- 煮きり酒　大さじ2

準備 鍋に水1〜1½カップを注ぎ、蒸し板を敷く。

1 里芋はよく洗って土を落とし、蒸し板にのせ、ふたをして強火にかける。沸騰したら弱火にして竹串がすっと通るまで15〜20分ほど蒸す。

2 いった黒ごまはよくすり、砂糖、しょうゆ、煮きり酒を加えてあえ衣を作り、皮をむいて食べやすく切った里芋をあえる。

里芋のしょうゆ焼き

蒸した里芋を一つずつ軽くつぶしてから網焼きにします。しょうゆをぬると香ばしく、まるでお餅のようです。

材料 •口径20cm

里芋　適量

しょうゆ、七味とうがらし　各適量

準備 鍋に水1〜1½カップを注ぎ、蒸し板を敷く。

1 里芋はよく洗って土を落とし、蒸し板にのせ、ふたをして強火にかける。沸騰したら弱火にして竹串がすっと通るまで15〜20分ほど蒸す。

2 **1**の皮をむいて、熱いうちに肉たたきや手のひらなどで1cmほどの厚さにつぶす（写真）。焼き網を熱して里芋をこんがり焼き、途中でしょうゆを刷毛でぬり、香ばしく焼く。七味をふって。

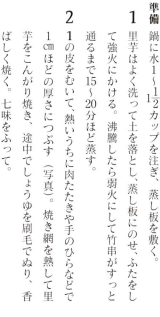

グリーンアスパラガスとグリーンマヨネーズ

アスパラガスのいちばん好きな食べ方です。ここでは蒸し板を敷かず、じかにアスパラガスと水を入れ、ふたをして蒸しゆでにします。先にマヨネーズを作っておき、あつあつをいただきます。

A

B

材料 ●作りやすい分量 ●口径20cm

グリーンアスパラガス　適量
グリーンマヨネーズ
卵　1個
塩　小さじ2/3
白ワインビネガー　大さじ1
オリーブオイル　1カップ
パセリ、ディル　合わせて4〜5本

1 グリーンマヨネーズを作る。瓶に卵を割り入れ、塩、白ワインビネガー、オリーブオイルを入れて、ハンドミキサーを差し込み、回転させる。パセリ、ディルの葉をごく細かいみじん切りにして加え混ぜる。

2 アスパラガスは下のかたい部分を切り落とす(A)。太いものは下のほうを5cmほど薄く皮をむく。

3 2を鍋に入れて水を1cmの深さまで注ぎ、ふたをして強火にかける。沸騰したら弱火にして好みのやわらかさに蒸す(B)。器に盛って、グリーンマヨネーズを添える。

ブロッコリーのベーコンドレッシングあえ

ブロッコリーをざるに入れて蒸すと、一度にさっと取り出せるので、均一に火が通ります。ブロッコリーもドレッシングもあつあつのうちに混ぜ、味のなじみをよくするのもポイント。

A

B

材料 ●作りやすい分量 ●口径20cm

ブロッコリー　1個

ベーコンドレッシング

- ベーコン　80g
- オリーブオイル　大さじ1～2
- にんにく（おろす）　1かけ分
- 酢　大さじ1
- 塩、こしょう　各適量

準備 鍋に水1～$1\frac{1}{2}$カップを注ぎ、蒸し板を敷く。

1 ブロッコリーは小房に分ける。軸の部分は皮を引きはがし、食べやすく切る。水に放し、小さなざるに上げる。

2 ベーコンドレッシングを作る。ベーコンは1cm幅に切り、鍋に入れて火にかけ、かりっとするまでいため、オリーブオイル、にんにく、酢、塩、こしょうを加える。

3 1をざるごと蒸し板にのせ、ふたをして強火にかける。沸騰したら弱火にして好みのやわらかさに2分ほど蒸す（A）。あつあつのうちに2のドレッシングに加えてあえる（B）。

蒸しなすのイタリア風サラダ

オリーブオイルのドレッシングにケイパーを加えてアクセントに。温かいままでも冷やしていただいてもおいしいサラダです。

材料 ●4人分 ●口径24cm

なす　4～5本
みょうばん、塩　各少々
ドレッシング
- オリーブオイル　¼カップ
- 赤ワインビネガー　大さじ1½～2
- アンチョビーフィレ　4本
- 塩、こしょう　各適量
- 赤とうがらし（種を取り、刻む）　1本分
- ケイパーの塩漬け（塩を洗う）　大さじ2
- にんにく（みじん切りまたはおろす）　1かけ分

準備 鍋に水1～1½カップを注ぎ、蒸し板を敷く。

1 なすはへたを取り、皮ごと縦四～六つに切って、みょうばんと塩を溶かした水に15分ほどつけてから洗う。これをざるに上げて蒸し板にのせ（写真）、ふたをして強火にかける。沸騰したら弱火にしてやわらかくなるまで5分ほど蒸す。

2 蒸している間にドレッシングの材料を混ぜておく。

3 蒸し上がったなすを器に盛り、ドレッシングをかける。

翡翠なすの辛みだれあえ

皮をむいたなすを蒸すと、薄緑色が美しくさえます。それを中国風のたれでいただきます。残った皮は無駄なくきんぴらにして、余すところなく楽しんで。

材料 •4人分 •口径20cm

なす　4本
みょうばん、塩　各少々
たれ
- 米酢　大さじ2
- しょうゆ　大さじ2½
- ごま油　大さじ1½
- 豆板醤　小さじ2
- 長ねぎ(みじん切り)　10cm長さ分
- にんにく(おろす)　1かけ分
- しょうが(おろす)　1かけ分

準備 鍋のふたに水を1〜2cm深さまで注ぎ、蒸し板を敷く。

1 なすは皮をむき、みょうばんと塩を溶かした水に30分ほど浸す。

2 1を洗って蒸し板にのせ(写真)、鍋をかぶせて強火にかける。沸騰したら弱火にしてやわらかくなるまで7〜8分蒸す。

3 2のなすは縦半分に切ってから縦数等分に切る。たれの材料を混ぜ合わせ、なすにかけていただく。

∨なすの皮のきんぴら •作り方63ページ

レモン蒸し鶏とハーブのサラダ

鶏のむね肉をジューシーに仕上げるため、蒸し汁を鍋にこぼさないようトレイにのせて蒸します。香りよくしっとりとした蒸し鶏と、玉ねぎやセロリのしゃきしゃき感に、ハーブがバランスよく響き合います。

材料 ●4人分 ●口径24cm

鶏むね肉　2枚
レモン　1個
赤玉ねぎ　½個
セロリ　1本
オレガノ（生）　4〜5本
タイム（生）　2〜3本
オリーブオイル　大さじ3〜4
レモン汁　大さじ2
塩、こしょう　各適量

準備　鍋のふたに水を1cm深さまで注ぎ、蒸し板を敷き、トレイをのせる（写真）。

1　鶏肉は塩をすり込んで準備しておいたトレイにのせ、レモンをしぼってふりかけ、レモンの皮も一緒にのせ、鍋をかぶせて強火にかける。沸騰したら弱火にして10〜15分ほど蒸す。肉を押して弾力があれば蒸上り。

2　1をそのまま冷まし、冷めたら肉の繊維に沿って手で細くさく。

3　玉ねぎはスライスして水にさらす。セロリは筋を取ってスライスし、葉は細切りに。生のオレガノ、タイムは食べやすくちぎる。

4　2と3を合わせてボウルに入れ、オリーブオイル、レモン汁、塩、こしょうを順に加えてよくあえる。

＊蒸し鶏は蒸し汁に浸したまま冷蔵すると、しっとりした状態で2〜3日もつ。サラダのほかに、いため物やご飯物、めんやパンの具にしてもいい。冷凍も可能。

＊レモン汁の代わりに酒、ワイン、紹興酒などをふって蒸し、好みのたれやドレッシングをかけ、アレンジを楽しんでも。

蒸し手羽先のしょうゆ揚げと刻みねぎスープ

手羽先は蒸すと余分な脂肪や水分が抜けるので、から揚げにすると驚くほどかりっと揚がります。蒸し汁は即おいしいスープになるので、鍋に注ぐ水に長ねぎとしょうがを入れておくと、より風味よく仕上がります。

材料 ●4人分 ●口径24cm

鶏手羽先　12本
長ねぎ（5cm長さ）　2本
しょうが（薄切り）　1かけ分
しょうゆ　大さじ3〜4
にんにく（おろす）　1かけ分
こしょう　少々
揚げ油　適量
香菜　適量
スープ用
　塩、こしょう　各少々
　刻みねぎ　適量

準備 鍋のふたに水を1〜2cm深さまで注ぎ、長ねぎとしょうがを入れ、蒸し板を敷き、浅ざるをのせる（A）。

1 浅ざるに手羽先を並べ、鍋をかぶせて強火にかける。沸騰したら弱火にして20分ほど蒸す（B）。蒸し汁は、こして小鍋に入れる。

2 ジッパーつきのポリ袋にしょうゆとおろしにんにく、こしょうを入れ、**1**の蒸し鶏を入れて1〜2時間漬けておく（C）。冷蔵庫に一晩おいてもいい。

3 **2**の汁気をふき取り、中温の揚げ油でからりと揚げる。器に盛り、好みで香菜を添えていただく。

4 **1**の蒸し汁を温め、塩、こしょうで味をつけ、刻みねぎを加える。

＊蒸し汁のスープは、味つけや具を変えて楽しんだり、めんやリゾットに加えたりしてもおいしい。

A

B

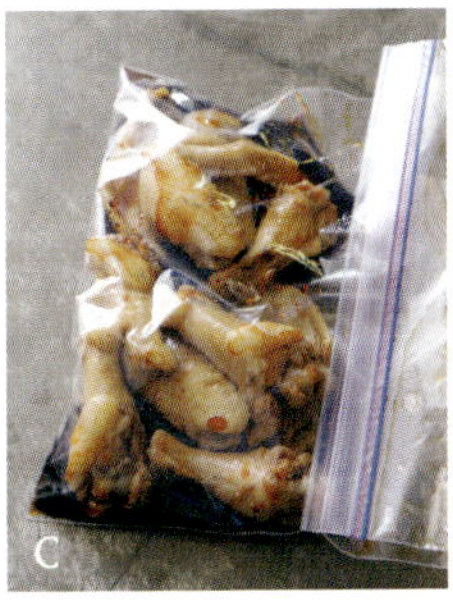
C

魚の蒸し物です。太刀魚のふんわりとやわらかな白身に、赤じそたっぷりの梅干しが、色、味ともによく似合います。青じそのせん切りをたっぷりとのせ、さらに香気と鮮やかな彩りを。

太刀魚の梅蒸し

材料 ●2人分 ●口径24cm
太刀魚　2切れ
塩　適量
梅干し　2個
昆布（5cm角）　2枚
酒　大さじ3
青じそ　10枚

A

B

準備 鍋のふたに水を1cm深さまで注ぎ、蒸し板を敷く。

1 太刀魚はごく軽く塩をして30分ほど冷蔵庫に入れる。昆布は水でぬらしてやわらかくしておく。

2 器に昆布、水気をふいた太刀魚をのせ、梅干しとあれば赤じその梅酢漬けをのせて酒をふりかける（A）。

3 蒸し板に**2**をのせ（B）、鍋をかぶせて強火にかける。蒸気が上がったら弱火にして15分ほど蒸す。

4 **3**を取り出し、青じそのせん切りを添え、梅干しをまぶしながらいただく。

豆腐としいたけの蒸し物

寒い日には、豆腐の蒸し物がおすすめです。蒸気がよく上がったら、豆腐に〝す〟が立たないように、ふた代りの鍋を少しずらして蒸すのがこつです。

A

B

材料 •2人分 •口径24cm

豆腐　1丁
生しいたけ　4枚
長ねぎ　1本
昆布(5cm角)　2枚
酒　大さじ2
大根おろし　1カップ
あさつき(小口切り)　2〜3本分
ゆず　1個
しょうゆ　適量

準備 鍋のふたに水を1cm深さまで注ぎ、蒸し板を敷く。

1 豆腐は軽く水きりをして二つに切る。生しいたけは石づきを落とし、半分にさく。長ねぎは斜めぶつ切りにする。昆布は水でぬらしてやわらかくしておく。

2 器を二つ用意し、それぞれに昆布を敷き、豆腐、しいたけ、長ねぎを半量ずつのせ(A)、酒をふりかける。

3 蒸し板に2の器を一つのせ、鍋をかぶせ、最初は強火、蒸気が上がったら弱火にして、ふた代りの鍋をずらして(B)10分ほど蒸す。残りも同様に蒸す。

4 3に大根おろしとあさつきを添え、ゆずをしぼって、しょうゆをかけていただく。

鶏そぼろの茶碗蒸し

材料 ●3〜4人分 ●口径24cm

鶏ひき肉（二度びき）　100g
しょうが（みじん切り）
　1/4カップ
A｜酒　小さじ2
　｜しょうゆ　小さじ2/3
　｜塩　少々
卵　2 1/2〜3個
水溶きかたくり粉　小さじ1
あさつき（小口切り）　適量

無水鍋に入る中鉢を用意して、茶碗蒸しを作ります。鶏そぼろは茶碗蒸しの中にも、あんの中にも入っていますが、おいしいうえに冷めにくく、〝す〟が立っても目立たないと、一石三鳥の働きをしてくれます。

準備
鍋のふたに水を1cm深さまで注ぎ、蒸し板を敷く。

1 鶏ひき肉のスープを作る。鍋に鶏ひき肉、しょうが、Aを入れてよくかき混ぜる。水2カップを加えて火にかけ、静かに15分ほど煮る。あくを引いたら、1/2カップほど取り分ける（A）。

2 卵液を作る。卵をよくときほぐしてから一度こし、**1**を加えて混ぜ合わせる。鍋に入る鉢をぬらしてから卵液を流し入れる。

3 蒸し板に**2**をのせ（B）、鍋をかぶせて火にかける。蒸気が上がったら、ふた代りの鍋を少しずらして、弱火で30分ほど蒸す。器の厚みや材質により異なるので、途中でふたを取り、確認するといい。中心に竹串を刺して穴があいた状態を保っていれば火が通っている。

4 あんを作る。取り分けた**1**のスープを小鍋に入れ、火にかけて水溶きかたくり粉を加え、とろみをつける。

5 **3**の茶碗蒸しに鶏そぼろあんをかけ、あさつきをのせる。

A

B

蒸気の通りぐあいのいいざるを使って、もち米を無水鍋で蒸します。この方法なら飯蒸しも気楽に作れます。魚は鯛のほか、すずきなど季節の白身魚や、からすみ、ぎんなんなどの取合せもおいしいでしょう。

鯛の飯蒸し

材料 ●4～5人分 ●口径20cm

鯛（切り身） 2切れ
塩、酒 各適量
もち米 2カップ
芽ねぎ（または木の芽） 適量

準備 鍋に水を2cm深さまで注ぎ、蒸し板を敷く。

1 もち米は洗って水に一晩浸しておく。

2 鯛は軽く塩と酒をふっておく。

3 小さめのざるに絞ったさらしを敷き、1のもち米を入れてならし、鯛をのせる。

4 蒸し板に3をのせて（写真）ふたをし、強火にかける。蒸気が上がったら弱火にして、もち米がやわらかくなるまで1時間ほど蒸す。それ以上かかる場合は、気長にやわらかくなるまで蒸す。

5 器によそい、芽ねぎや木の芽などをのせていただく。

蒸し煮

A

B

緑野菜のスープ蒸し

材料
•4人分　•口径20cmまたは24cm

青梗菜　2〜3株
キャベツ　2〜3枚
スナップえんどう　10本
ごま油　大さじ2
塩、こしょう　各適量
鶏のスープストック（または水）
　½カップ

野菜を冷水につけてピンとさせてから調理すると、香りと甘みが出ます。ただし、つけすぎは禁物。また火の通りやすい野菜は後から加えるのもこつです。

1 青梗菜、キャベツはそれぞれざく切りにして、スナップえんどうは筋を取る。すべて冷水に15分ほどつけてピンとさせ、ざるに上げて水気をきる。

2 鍋に青梗菜、キャベツ、ごま油を入れ、塩、こしょうをして、手でよく混ぜ合わせる。スープストックを加えて（A）ふたをし、最初は強火、蒸気が上がったらすぐ火を弱くして5〜6分ほど蒸し煮にし、野菜が少しやわらかくなったら、スナップえんどうを加える。再度ふたをして、スナップえんどうに程よく火が通るまで蒸し煮にする（B）。

夏野菜のオリーブオイル煮

野菜から出た水分がおいしいスープにもなる煮物です。秋にはきのこをいっぱい取り合わせてもおいしいです。

材料 ●4人分 ●口径24cm

トマト（完熟） 2個
ミニトマト 10個
パプリカ 1個
ズッキーニ 2本
さやいんげん 7～8本
にんにく 1かけ
ローリエ 1枚
オリーブオイル 大さじ2～3
塩、こしょう 各適量

A

B

1 トマトは手で割るようにして鍋に入れる。パプリカはへたと種を除いて縦6～8等分に、ズッキーニは長さを3等分に切って、四つ割りにする。いんげんはへたを取って手で半分に折り、にんにくは包丁の腹で割る。

2 1の材料とミニトマト、ローリエを鍋に入れ（A）、オリーブオイル、水大さじ2～3、塩、こしょうを加え、ふたをして中火弱にかける。野菜がくたっとするまで8～10分ほど煮る（B）。

蒸し煮

材料 ●4人分 ●口径24㎝
なす　5～6本
梅干し　3～4個（あれば梅干しと漬けた赤じそも）
だし汁（かつおだし、昆布だしなど好みで）
　2カップ
しょうゆ　小さじ2
酒　大さじ2
みょうが、青じそ　各適量

なすの梅干し煮

赤じそと梅干しでなすを煮ます。季節のものは体にいいように自然に計られていると感じる、涼感が得られる一品。2～3日もつので、冷やしていただくのもおすすめです。

1 なすはへたを取って縦半分に切り、塩水（分量外）に浸す。皮目に格子状の細かい包丁目を入れ、鍋に並べ入れる。梅干しはちぎって入れ、だし汁を注ぎ、しょうゆ、酒を加える。オーブンシートと蒸し板で落しぶたをし（写真）、強火にかける。煮立ったら弱火にして14～15分静かに煮て、火を止め、冷めるまでそのままおいて、味を含ませる。

2 煮汁ごと器に盛り、せん切りのみょうがと青じそを天盛りにする。

なすとピーマンとみょうがのしょうゆ煮

ご飯にもめんにも合う、夏にぴったりな料理です。夏野菜をいためてから蒸し煮にして、青じそをたっぷりと加えます。暑さが吹き飛ぶようなさわやかな味。

材料 ●4人分 ●口径24cm
なす　3本
ピーマン　4個
みょうが　4個
ごま油　大さじ3
酒　大さじ2
しょうゆ　大さじ3〜4
青じそ　10枚

1 なすはへたを取って縦半分に切り、斜めに大きく切る。ピーマンはへたのほうからナイフを入れ、中から外に向けて縦に切る（種が飛び散らない）。みょうがは縦半分に切る。

2 鍋を火にかけて熱し、ごま油を入れて**1**のなすとピーマンをよくいためる。みょうが、酒、しょうゆを入れて（A）ふたをし、中火で10分ほど煮る。

3 野菜が煮えたら火を止めて（B）、青じそをおおまかにちぎって加え、ざっくりと混ぜて器に盛る。

A

B

いんげんのトマト煮込み

材料 ●4人分 ●口径20cm
さやいんげん　100〜150g
ミニトマト　15〜20個
オリーブオイル　大さじ3
にんにく　2〜3かけ
クミンシード　小さじ1〜2(好みで)
塩、こしょう　各適量
ガーリックトースト
バゲット　½本
にんにく　1かけ
オリーブオイル　適量
塩、ドライオレガノ　各少々

無水鍋に材料を入れるだけでOKの、中部イタリアの郷土料理です。ミニトマトの代りに完熟トマト2〜3個に替えても。ガーリックトーストを添えて。

1 いんげんは両端を切り落とし、鍋に入れる。トマトはへたを取って鍋に加え、オリーブオイル、つぶしたにんにく、好みでクミンシード、塩、こしょうを加え(A)、ふたをする。中火弱にかけて、いんげんとトマトがよく煮え、くたくたになるまで20〜30分煮る(B)。

2 バゲットは食べやすく切って、オーブンなどでこんがりと焼き、にんにくの切り口をこすりつけ、オリーブオイルをたっぷりとしみ込ませ、塩とオレガノをふる。

A

B

ひよこ豆とじゃがいものペースト

材料 ●4人分 ●口径20cm
ひよこ豆(ゆでたもの) 1カップ
じゃがいも 2～3個
オリーブオイル、
フルール・ド・セル(塩)
各適量
セージ(生) 適量

ほくほくとした素材どうしの出合いの味。フレッシュでやわらかなセージがうまみをぐっと引き立ててくれます。

1 ゆでたひよこ豆を用意する。じゃがいもは皮をむいてざく切りにし、水にさらす。

2 鍋に水気をきったじゃがいもとひよこ豆を入れ(A)、豆のゆで汁と足りなければ水を足してひたひたよりやや少なめの水加減にする。塩ひとつまみを入れてふたをし、火にかける。

3 煮立ったら弱火にし、すっかりやわらかくなるまで蒸し煮にする。ふたを取って、汁気が少し残る程度に水分を飛ばし(B)、すりこぎでつぶす。

4 器によそい、セージを添え、オリーブオイルをかけて、フルール・ド・セルを散らす。

＊ひよこ豆のゆで方は6ページ参照。

A

B

かぼちゃの甘煮

この料理を作ろうと思ったら、火のあたりのやわらかな無水鍋に限ります。何も考えなくても作れるほど手になじみ、これでなければいつもの味が出ないほどです。

材料 •4人分 •口径20cm

かぼちゃ　¼個
砂糖　大さじ4
塩　少々

1 かぼちゃはわたと種を取り除き、大きめの乱切りにして鍋に入れ、砂糖と塩をよくまぶして、20分ほどおく。

2 かぼちゃの表面に水滴が少し見えてきたら、水大さじ3ほどを加え、ふたをして火にかける。最初は中火、沸騰してきたら弱火にして10分ほど煮る。

3 水分が飛び、かぼちゃがやわらかくなったら、ふたを取って軽く鍋返しをする（写真）。強く返すとくずれるので注意する。

大根としらたきの煮物

材料 ●4人分 ●口径24cm
大根　1本
しらたき　1袋
鶏手羽先　4〜5本
しょうが（薄切り）　1かけ分
ごま油　大さじ2
みりん　大さじ3
酒　1/3カップ
しょうゆ　1/4カップ

よく熱した無水鍋にごま油をひき、手羽先と大切りの皮つき大根をごま油でこんがり焼いてから煮ます。煮くずれせずに早く煮え、味のしみぐあいも抜群です。

1
大根は皮ごと大きめの乱切りに。しらたきはゆでこぼして、食べやすい長さに切る。

2
鍋をよく熱してからごま油を入れ、鶏手羽先の両面をよく焼く。ここに大根を加えて、焼き色がつくまで充分に焼きつける。

3
2にしょうがとしらたきを加え、水をひたひたより少なめに入れ（A）、みりん、酒を入れて、3分ほど強火で煮立てる。あくを引いて（B）、しょうゆを加えたらふたをし、弱火で20分煮込む。味をみて足りなければしょうゆを補い、大根がやわらかくなるまでふたをしたまま煮る。

4
最後にふたを取って、強火で汁気を飛ばし（C）、汁気が少し鍋底に残る程度のちょうどいい汁加減にする。

A

B

C

かぶと油揚げの煮物

旬のやわらかなかぶで作るとおいしさもひとしお。また、だし汁がおいしいと薄味でも味が決まります。

材料 ●4人分 ●口径20㎝
かぶ　4〜5個
油揚げ　1枚
かつおだし
（または煮干しだし）　2カップ
酒　大さじ2
しょうゆ　大さじ1

1 かぶは茎を3〜4㎝つけて切り、皮をむいて半分に切って、水に浸しておく。茎の間を開いて竹串などで泥などの汚れを落とす。油揚げは熱湯をかけて油抜きする。

2 鍋にだし汁、酒、しょうゆを入れ、かぶと4等分の三角形に切った油揚げを加えて（写真）、落しぶたをする。最初は強火にかけ、沸騰したら弱火にしてかぶがやわらかくなるまで静かに煮る。煮汁が半分くらいになったら味をみ、足りなければしょうゆか塩（分量外）で味を調える。

じゃがいもと鮭の粕汁

吹きこぼれやすいので、ふたをしないで静かにコトコトと煮ます。じゃがいもと玉ねぎの甘さが溶け出して、ほっとため息が出るほど深いこくが味わえます。

1 鮭は二つ三つに切る。じゃがいもは皮をむいて大きく切り、水にさらす。玉ねぎは4等分に切る。

2 鍋に**1**と昆布を入れ、だし汁をかぶるくらい注いで（写真）、弱火にかける。じゃがいもがやわらかくなったら、みそと酒粕を煮汁で溶いて加え、温める程度に少し火を入れ、味を含ませる。
じゃがいもが煮くずれる一歩手前で椀によそい、七味などふっていただく。

材料 •4人分 •口径24cm

鮭（切り身） 2切れ
じゃがいも 4〜5個
玉ねぎ 1個
昆布（5cm角） 1枚
だし汁（または水） 適量
みそ 大さじ3
酒粕 大さじ3強
七味とうがらし 適宜

材料 ●4人分 ●口径20cm
あさり 600g
ごま油 大さじ1
にんにく 1〜2かけ
赤とうがらし 2〜3本
紹興酒 ¼カップ強

あさりの紹興酒蒸し煮

あっという間にできるので、あともう一品欲しいというときにおすすめ。ワインや日本酒など、使うお酒によって味の変化が楽しめます。

1
あさりは砂抜きをして、殻をよく洗って鍋に入れる。ごま油、にんにく、とうがらし、紹興酒を入れ（A）、ふたをして中火弱にかけ、貝の口が開くまで蒸し煮にする（B）。

いわしのしょうが炊き

しょうがをたっぷり加えて、酒、みりん、しょうゆ、酢で煮た、ご飯によく合う常備菜です。ふたをずらし、弱火でコトコトと静かに煮て、程よく煮汁を煮つめたらでき上り。

材料 ●3～4人分 ●口径24cm

いわし　6尾
しょうが（薄切り）　2かけ分
酒　1カップ
みりん　大さじ2
しょうゆ　大さじ5
酢　大さじ1
しょうが（せん切り）　適量

1 いわしは頭を落としてわたを取り出し、おなかの中を丁寧に洗う。大きければ半分に切る。

2 1を鍋に並べ入れ、しょうがの薄切りをのせ、酒、みりん、しょうゆ、酢を入れて（A）中火にかける。煮立ってきたら落しぶたをして、鍋のふたを少しずらしてのせ、弱火で25～30分ほど静かに煮る（B）。

3 しょうがのせん切りをたっぷりと用意し、冷水にさっと浸して辛みをやわらげ、ペーパータオルにとって水気を取る。2のいわしを煮汁とともに器によそい、しょうがをのせる。

A

B

いわしのオリーブオイル煮

新鮮ないわしをオリーブオイルで煮ます。しっとり形よく煮えたいわしは、煮上りのあつあつもいいですが、室温でいただいても美味。

材料 ●3～4人分 ●口径20cm

いわし　5～6尾
フルール・ド・セル（塩）　適量
にんにく（縦2等分に切る）　2～3かけ分
ローリエ　5～6枚
赤とうがらし（手でちぎる）　2～3本分
粒黒こしょう　10粒
オリーブオイル　適量
玉ねぎ（薄切り。水にさらして水気をきる）　½～1個分
レモン　1～2個

1　いわしはわたを出しておなかの中をよく洗う。フルール・ド・セルを全面にまぶしつける。

2　鍋にオリーブオイル少々をひき、いわしの水気をふき取って並べる。にんにく、ローリエ、とうがらし、粒黒こしょうをのせ、オリーブオイルをひたひたより少なめに注ぐ（写真）。初めは強火、じわじわと泡立ってきたら弱火にしてふたをし、30分ほど煮る。

3　器に盛って玉ねぎの薄切りとくし形に切ったレモンを添える。レモンをしぼって、いわしに玉ねぎをのせながらいただく。

鮭のワイン蒸し、パセリソースがけ

鍋で鮭を蒸し煮にしてから、ふたでソースを作ります。ほんの10分ほどでできるメイン料理ですから、忙しい人には特におすすめです。

材料 ●4人分 ●口径20cm

鮭（切り身） 4切れ
塩 適量
白ワイン 1カップ
玉ねぎ、にんじん、セロリ
（各ざく切り）
合わせてひとつかみ分
イタリアンパセリ 5～6本
有塩バター 大さじ4
パセリ（みじん切り） 大さじ2～3
レモン汁 ½個分
にんにく（みじん切り） ½かけ分

1 鮭は軽く塩をしてざるに上げ（A）、20分ほど冷蔵庫におく。

2 鍋に鮭を並べ、白ワインをふりかけて、玉ねぎ、にんじん、セロリ、イタリアンパセリを入れ（B）、ふたをして10分ほど弱火で蒸し煮にする。

3 2のふたをさっとふいて、バター、パセリ、レモン汁、にんにくを入れて弱火にかけ、香りが出るまで温める。あつあつの鮭を器に盛り、温かいパセリソースをかける。

鶏肉のごぼう巻き

ごぼうの煮物を鶏肉で巻いて焼き、しょうゆとみりんで煮て仕上げます。手間はかかりますが、日もちがしますし、おせちの一品にもなるおすすめの料理です。

材料 •2本分 •**口径20cm**

鶏むね肉　2枚
ごぼう（細いもの）　½〜1本
A
- だし汁　1カップ強
- 酒　大さじ2
- みりん　大さじ1
- しょうゆ　大さじ1½

B
- 酒　大さじ3
- みりん　大さじ2
- しょうゆ　大さじ2〜3

さんしょうの実（水煮）　大さじ1
ごま油　適量
木の芽　適宜

1 ごぼうは細ければそのまま、太ければ四つに割って、長さを鶏肉の幅に合わせて切り、酢少々（分量外）を加えて一度ゆがく。

2 鍋にAのだし汁、酒、みりん、しょうゆを入れて**1**のごぼうを入れ、落しぶたをしてやわらかくなるまで静かに煮たら、バットにあけて冷ます。

3 鶏むね肉は包丁で観音開きにして、肉たたきなどでたたいて平らにする（A）。縦に長くなるように置き、ごぼうを手前にのせて、くるくると巻いて楊枝でとじる。これを二つ作る（B）。

4 鍋を火にかけて熱してごま油をひき、**3**を転がしながら表面に焼き目をつける。Bの調味料とさんしょうの実を加え、ふたをして弱火で3〜4分蒸し煮にする。ふたを取って調味料を鶏肉に煮からめる（C）。

5 1cmほどの厚さに切って器に盛り、あれば木の芽をたっぷりのせる。

*木の芽の代りに、七味とうがらしや粉ざんしょうをふってもいい。
*ごぼうの煮物は卵とじにしたり、ご飯に混ぜたりしてもおいしい常備菜になる。

A

B

C

白菜と豚肉の蒸し煮

材料 ●2～3人分 ●口径20cm
白菜　¼株
豚薄切り肉　200g
塩、粗びき黒こしょう、タイム
　各適量
オリーブオイル　大さじ2～3
マスタード　適量

B

A

ざく切りの白菜と豚肉を重ね、オリーブオイルを回しかけて蒸し煮にするだけです。あっという間に作れて、驚くほどたっぷりの白菜がいただけます。

1 白菜はざく切り、豚肉は食べやすい長さに切る。

2 1を交互に重ねながら鍋に入れ、塩、こしょうをふり、タイムをのせて、オリーブオイルを回しかけ、水大さじ2～3を加える（A）。ふたをして強火にかけ、1分ほどたったら火を弱め、20分ほど蒸し煮にする（B）。器によそい、マスタードを添えていただく。

材料 ●4人分 ●口径20cm
キャベツ　¼〜⅓個
ソーセージ　大3〜4本
ひよこ豆（ゆでたもの）　½カップ
豆のゆで汁　1カップ
塩、粗びき黒こしょう　各適量

上質なソーセージと豆のうまみがキャベツをおいしくします。豆はあらかじめゆでておき、ゆで汁ごと小分けの冷凍にしておくと便利です。

豆とソーセージとキャベツの蒸し煮

1 キャベツはざく切りにする。ソーセージは3〜4cm幅に切る。これらを鍋に入れて、ひよこ豆とゆで汁を加え、塩、こしょうをふってふたをして強火にかける。

2 1が煮立ったら弱火にして20分ほど蒸し煮にする。スープごと器によそい、こしょうをかける。

*ひよこ豆のゆで方は6ページ参照。

蒸し煮

ゆで豚のメープルしょうゆ煮

ゆでて脂を取り除いたゆで豚を、ゆで汁がほぼなくなるまでずっと煮続けます。すると少しおこげができますが、それがうまみを引き出す大切なプロセス。間髪入れずにメープルシロップ、しょうゆを加え、強火で煮からめたら完成です。とことん煮ているから箸で割れるほどやわらかで、こっくりと甘辛く、そのままでもご飯やめんにのせてもおいしい。日もちもします。

A

材料 ●**作りやすい分量** ●**口径20㎝**

豚肩ロース塊肉　700g～1kg
にんにく　2～3かけ
酒　⅓カップ
メープルシロップエキストラライト*
　大さじ3～4
しょうゆ　¼カップ
溶きがらし　適量

＊みりん大さじ4～5でもいい。

1 ゆで豚を作る。鍋に豚肉を入れ、にんにく、酒、かぶるくらいの水を注ぐ（A）。強火にかけ、ふたは少しずらして吹きこぼれないようにし、煮立ったらあくを引いて弱火にする。途中、水を足しながら1時間～1時間半ほど静かにゆでる。煮立てると、肉質がしっとりしない。

2 肉に串を刺して透明な肉汁が出たらOK（B）。ふたをしたまま冷まし、一晩おいて固まった脂（C）を取り除く。ゆで汁の中で冷ますことでしっとりと仕上がる。

3 メープルしょうゆ煮を作る。2の鍋を再び火にかけて、汁気が少なくなるまで、ゆで続ける。

4 汁気がほぼなくなったら、メープルシロップエキストラライト、しょうゆを加えて煮からめる（D）。味をみて足りなければメープルシロップとしょうゆを補う。つやが出てとろみが出るまで調味料をよく煮からめる。

5 器に盛って、やわらかめに溶いたからしを添える。

B

C

D

ゆで豚は、肉もスープもさまざまな楽しみ方がありますが、ここではアジア風のアレンジを。シンプルにゆで豚のおいしさを味わうには一番の食べ方です。

ゆで豚の辛みみそとサニーレタス添え

材料 ●作りやすい分量 ●口径20cm

豚肩ロース塊肉　700g～1kg
長ねぎ（青い部分）　2本分
にんにく（皮つき）　1かけ
辛みみそ
　赤みそ　¼～⅓カップ
　にんにく（おろす）　1かけ分
　豆板醤　小さじ1～2
リーフレタス　適量

1
55ページの「ゆで豚のメープルしょうゆ煮」の手順1、2を参考に、ゆで豚を作る。ゆでる際に香味野菜として長ねぎとにんにくを入れる（A）。

2
ゆで豚を薄く切って（B）器に盛り、辛みみそとリーフレタスを添えていただく。

A

B

豚の汁そば

ゆで汁はペーパータオルでこすと脂まで取り除けます。ヴェトナムの魚醤、ヌクマムで調味して、香菜とライムでさわやかに。

材料と作り方 ●2人分

1
ゆで汁はペーパータオルでこし、2カップ用意する。鍋に入れて熱し、ヌクマム（またはナンプラー）大さじ1～2、赤とうがらし1～2本を加えて調味する。

2
めん1玉はゆでて器二つに盛り分ける。上にゆで豚の薄切りと一緒にゆでたにんにくの薄切り、香菜を適量のせ、あつあつのスープを注いで、黒こしょうをたっぷりとひく。ライムを添えて。

A

ミートソーススパゲッティ

ミートソースをおいしく作るには、ひき肉はもちろん、玉ねぎ、セロリ、にんじんを充分にいため煮にすることと、たっぷりの赤ワインが欠かせません。煮込む際に加えるトマトパッサータは、水煮のトマトを裏ごししたもの。無水鍋でしっかり煮込むとおいしく仕上がります。

材料 ●作りやすい分量 ●口径20cm

パスタ　適量
牛赤身ひき肉　400g
にんにく（みじん切り）　2かけ分
玉ねぎ（みじん切り）　大1個分
セロリ（みじん切り）　1本分
にんじん（みじん切り）　1本分
生しいたけ（みじん切り）　5枚分
オリーブオイル　大さじ3〜4
赤ワイン　2カップ
トマトパッサータ　600〜700g
トマトペースト　大さじ3
塩、こしょう、ドライタイム、
　ドライバジル　各適量
パルミジャーノ・レッジャーノ　適量

＊スパゲッティ300gに対し、
　ミートソース2〜2½カップが適量。

1 鍋を火にかけてオリーブオイルを入れ、にんにくと玉ねぎを透き通るまでいためる。ひき肉を入れ、色が変わるまでいためたら、残りの野菜類を加えていため合わせる。全体に火が通ったら赤ワインを加え、ふたをして15分ほど煮る。

2 1にトマトパッサータを加え（A）て煮込み、塩、こしょうを加えて調味する。

3 さらに煮込んでとろりとしてきたら（B）、トマトペーストを加え、味をみて塩、こしょうで味を調え、ドライタイム、バジルを加えて仕上げる。

4 たっぷりの熱湯を沸かして塩を加え、パスタ1人分80〜90gを袋の表示よりやや短めにゆでて、3のミートソースを適量からめてアルデンテに仕上げ、器に盛り、パルミジャーノ・レッジャーノを削りながらふる。

B

A

ミートボールのミニトマト煮込み

無水鍋のふたでミートボールをこんがりと焼いてから、トマトソースの入った鍋に移し、赤ワインやミニトマトを加えてコトコトと煮込んで作る、南イタリアの料理です。

材料 ●4～5人分 ●口径20cm

合いびき肉　400g
にんにく（みじん切り）　2かけ分
玉ねぎ（みじん切り）　½個分
セロリ（みじん切り）　1本分
パン粉　¼カップ
卵　1個
トマトパッサータ
　400g（またはトマト缶1缶）
ミニトマト　30個
ローリエ　2枚
タイム（またはオレガノ）　4～5本
赤とうがらし　1本
赤ワイン　1カップ
オリーブオイル、
　塩、こしょう　各適量

1 鍋を火にかけてオリーブオイルをひき、トマトパッサータ、半量のミニトマト、ローリエ、タイム、赤とうがらしを入れて火にかける。

2 ボウルにひき肉、にんにく、玉ねぎ、セロリ、パン粉、卵、塩、こしょうを入れて、よくこね合わせ、小さなボール状に丸める。

3 ふたを火にかけて熱し、オリーブオイルを入れ、**2**を入れて表面をこんがりとよく焼き（A）、**1**の鍋に移す。

4 鍋に残りのミニトマトを入れて（B）、赤ワインを注いで10分ほど煮、塩、こしょうをして、さらに30分ほど煮込む。最後に塩、こしょうで味を調える（C）。

B

C

きんぴら2種

きんぴら作りに無水鍋は最適。いため煮しやすく、しゃきっと仕上がります。

ごく細いせん切りにしたごぼうを、短時間で仕上げるのがおいしさのこつ。

きんぴらごぼう

1 ごぼうは斜め薄切りにしてから、せん切りにして、酢水（分量外）に5分浸して（A）、水気をきる。

2 鍋を熱してごま油を入れ、ごぼうをいためて赤とうがらしを加える。酒、みりん、しょうゆを加え、汁気がなくなるまで中火でいため煮にする。火が通ったらすぐにバットに移す（B）。

材料 ●作りやすい分量 ●口径20cm

ごぼう　1本

赤とうがらし（種を抜く）　1本分

ごま油　大さじ2

酒　大さじ3

みりん　大さじ1～2

しょうゆ　大さじ2～3

皮まで無駄なくおいしくいただきます。ごく細いせん切りにしていますが、切り方はお好みでかまいません。

なすの皮のきんぴら

1 なすの皮はごく細いせん切りにする。

2 鍋を熱してごま油をひき、半分に折ったとうがらしと（A）、なすの皮を加えていためる（B）。しんなりしたら酒、しょうゆで調味して、いため煮にする。

A

B

材料 ●作りやすい分量 ●口径20㎝

なすの皮　４本分
赤とうがらし　１本
ごま油　小さじ１強
酒、しょうゆ　各小さじ２

蒸焼き

焼き蓮根

油で蒸焼きにした蓮根にしょうゆをかけただけ。なのにおいしさは最高です。あつあつのうちに召し上がれ。

材料

●作りやすい分量　●口径20㎝または24㎝

蓮根　1節
オリーブオイル
（またはごま油）　大さじ2～3
しょうゆ　大さじ2
赤とうがらし　1～2本

1 蓮根は皮をむき（むかなくてもいい）、1㎝厚さに切る。酢水（分量外）につけてあくを抜き、水気をふき取る。

2 ふたを熱して（A）オリーブオイルをひき、蓮根を並べて両面を焼き（B）、鍋をかぶせて（C）弱火で5～6分焼く。火が通ったら器に盛り、しょうゆを回しかけ、赤とうがらしをちぎってのせる。

めかじきのオリーブオイル焼き

ハーブとオリーブオイルでマリネしためかじきを、無水鍋で蒸焼きに。香ばしくしっとりと焼けためかじきには、玉ねぎのスライスとレモンが相性よく、よりおいしさが引き立ちます。

材料 ●2人分 ●口径20cmまたは24cm

かじきまぐろ（切り身）　2切れ

A　塩、こしょう　各少々
　タイム
　（オレガノ、ローズマリーでもいい）、
　オリーブオイル　各適量
　赤とうがらし　1本

赤玉ねぎ　小1個分

ケイパー（塩漬け。塩を洗う）　大さじ1

塩、こしょう、オリーブオイル　各適量

レモン　1個

A

B

1 かじきまぐろはAでマリネする。

2 赤玉ねぎはスライスして水にさらし、水気をきる。

3 鍋のふたを熱してオリーブオイル大さじ1～2を入れ、1のかじきを両面色よく焼いて（A）、鍋をかぶせて（B）蒸焼きにする。

4 3を器に盛って赤玉ねぎを添え、ケイパーを散らして、塩、こしょう、オリーブオイルを適量かけ、レモンをしぼっていただく。

鶏とじゃがいもの蒸焼き

骨つきの鶏肉と野菜がとなり合うように鍋に並べて蒸焼きに。繰り返し作りたくなるシンプルな味です。野菜はズッキーニやパプリカを組み合わせても。

材料 ●4人分 ●口径24cm

鶏骨つき肉（水炊き用など） 250g
じゃがいも 3〜4個
にんじん 1本
玉ねぎ 1個
にんにく 1〜2かけ
ローリエ 2〜3枚
塩、こしょう 各少々
オリーブオイル 大さじ3

1 じゃがいもは皮をむいて二つに切る。にんじんは皮をむいて1cm幅の輪切りに、玉ねぎはくし形切り、にんにくは皮をむいてつぶす。

2 鍋を熱してオリーブオイル大さじ1を入れ、鶏肉と野菜を均一に詰め、にんにくとローリエを入れる（A）。塩、こしょうをふり、残りのオリーブオイルをふりかけ、ふたをしてやや強めの弱火で、25分ほど蒸焼きにする（B）。あつあつを器に盛る（C）。

A

B

C

豚肉とベーコンとキャベツの蒸焼き

材料 ●4人分 ●口径24cm
豚ロース肉（とんかつ用）　4枚
キャベツ　大½個
ベーコン　5〜6枚
オリーブオイル　大さじ2
塩、粗びき黒こしょう
　各適量

塩と粗びきこしょうの味つけだけで豚肉とベーコンのうまみが引き出され、キャベツもぐんと甘みを増します。

1 豚肉に塩少々をすり込んでおく。キャベツは大きなくし形に切る。

2 鍋を熱してオリーブオイルを入れ、豚肉の両面をさっと焼き、ベーコンを加えていためたら（A）、キャベツをのせ、塩、こしょうをふる（B）。

3 2にふたをして中火にかけ、沸騰したら弱火で15分ほど蒸焼きにする（C）。あつあつをいただく。

A

B

C

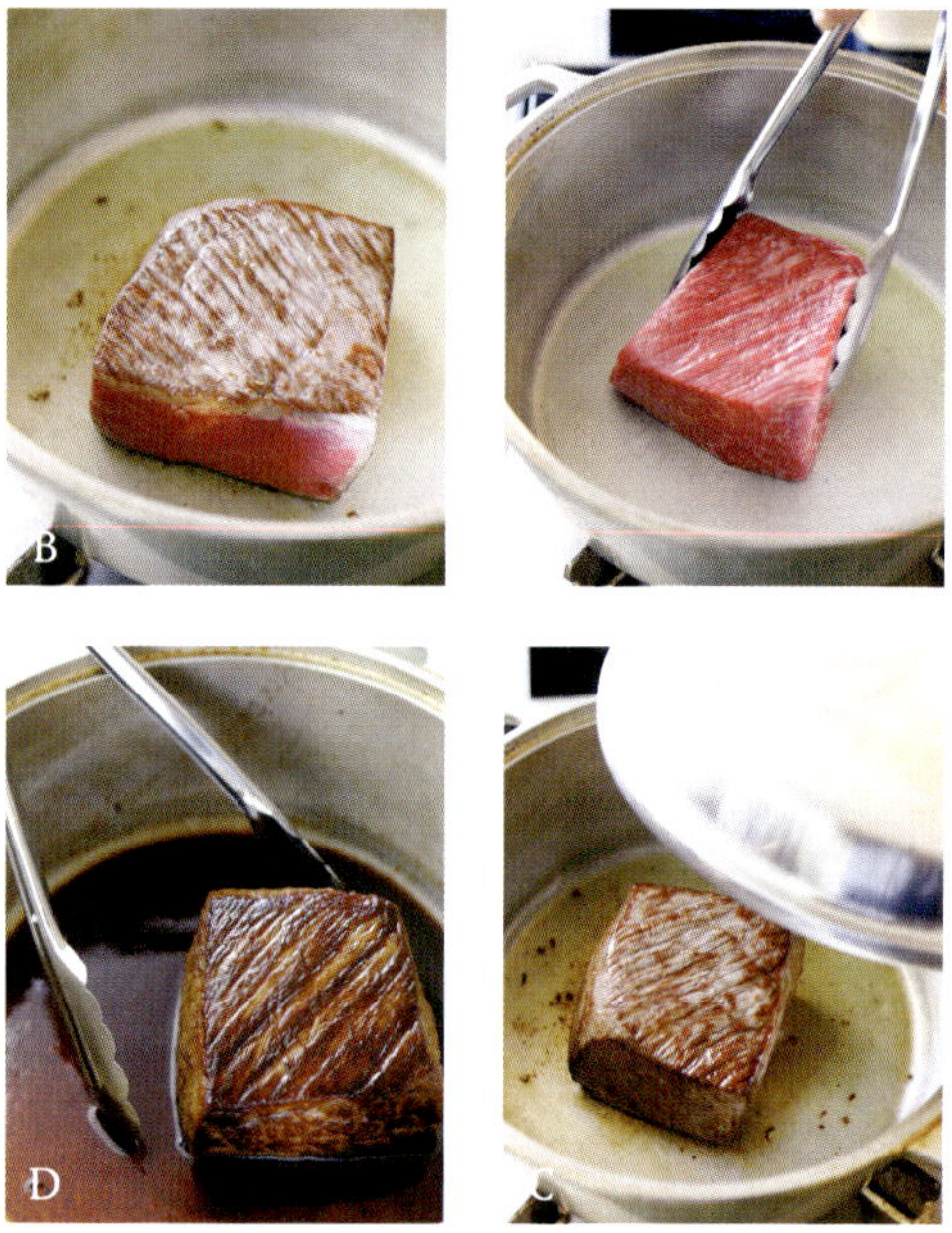

牛肉のたたき

さっぱりとした赤身肉をこんがりと焼き、しょうゆだれとわさびを添えました。牛肉のたたきは、焼き加減や味つけ次第でさまざまに楽しめますので、作り方に記したアドバイスを参考になさってください。

材料 ●**作りやすい分量** ●**口径20㎝または24㎝**

牛もも肉　400g
しょうゆ　大さじ5
オリーブオイル　大さじ2〜3
わさび、青じそ、
　みょうが　各適量

1 鍋を熱してオリーブオイルを入れ、牛肉を入れて（A）、肉の表面をこんがりと焼いていく（B）。

2 1にふたをして（C）弱火にし、8〜10分ほど蒸焼きにする。ふたを取ってしょうゆを加えてからめる（D）。

*レアが好みならば、ふたをせずに火を止め、そのまま室温になるまで冷ます。

*火の通りがいいのが好みならば、ふたをしたまま室温になるまで冷ます。その場合、ふたが密閉状態になるが、スプーンの柄などを差し込めば開けられる。

3 2の肉を取り出して、焼き汁に一度火を入れて煮つめる。

4 肉の粗熱が取れたら、食べやすい厚さに切って器に盛る。3のしょうゆだれ、わさび、青じそ、縦半分に切ったみょうがを添えていただく。

*甘い味が好みならば、焼き汁にみりん大さじ2ほどを加えてもいい。また、おろしたにんにくやしょうがを加えてもおいしい。その場合には、サニーレタスやサンチュで巻いて食べるのがおすすめ。

炊く

里芋の炊込みご飯

飯粒のように小さく切った油揚げが里芋のねっとり感を引き立てます。炊きたてをおひつに移すと、さらにおいしくなること請合いです。おかわりをどうぞ。

材料 •5～6人分 •口径24㎝

米　3カップ
里芋　6～7個
油揚げ　1枚
だし汁*　3½カップ
A｜酒　大さじ3
　｜しょうゆ　大さじ1
　｜塩　小さじ1

＊かつおだし、煮干しだし、昆布だしのいずれか。

1 里芋は皮をむいて食べやすい大きさに切る。米はといでざるに上げる（または浸水させる）。油揚げは油抜きをして、細かく切り、水気をきる。

2 鍋に米、油揚げ、だし汁、Aを入れてよく混ぜ合わせる。米の上に里芋をのせて（写真）ふたをし、強火にかける。蒸気が上がったら弱火で15分炊き、火を止めて5分蒸らす。炊き上がったら上下を返し、里芋とご飯を合わせるようにする。

A

あさりとじゃがいものご飯

南イタリア・プーリアの料理です。もともとはムール貝を使ったオーブン料理で、米の分量を減らせば前菜や付合せになり、増やすとご飯料理になります。さあ、無水鍋で炊きましょう!

材料 •4人分 •口径20cmまたは24cm

米　2カップ
あさり　500g
白ワイン　1カップ
塩　小さじ1½
粗びき黒こしょう　適量
じゃがいも　3個
玉ねぎ　¼個
（またはエシャロット3個）
オリーブオイル　大さじ3
パセリ（みじん切り）　適量

1 あさりは砂出しをして、殻をよく洗う。鍋に白ワインとともに入れ、ふたをして火にかけ、口が開くまで蒸し煮にする。貝を取り出し、身のついていない殻をはずす。蒸し汁はこし、水を加えて3カップにして、塩、こしょうで調味する。

2 じゃがいもは皮をむいて薄切りにし、水にさらす。塩（分量外）を加えた熱湯で4分ほどゆでてざるに上げる。玉ねぎまたはエシャロットはみじん切りに。米はといでざるに上げておく（A）。

3 フライパンにオリーブオイルをひき、玉ねぎを透き通るまでいためたら、米を加えて混ぜる。

4 鍋に米、あさり、じゃがいもを交互に重ねる（B）。これを3回ほど繰り返し、**1**の蒸し汁と水を混ぜたものを注ぐ。ふたをして強火にかけ、2分ほどして蒸気が出てきたら弱火にして17~18分炊く（C）。器によそい、パセリをふる。

B

C

C

B

A

トマトピラフ

無水鍋でピラフを炊くと、おこげが香ばしくておいしいものです。冷めても味が変わらないので、お弁当に入れても喜ばれるでしょう。

材料 ●5～6人分 ●口径24cm

米　3カップ
鶏もも肉　200g
生しいたけ　10枚
玉ねぎ（みじん切り）　½個分
トマトソース　1カップ
ローリエ　2～3枚
塩、こしょう　各適量
オリーブオイル　大さじ3

1 鶏肉は小さめの角切りにして、塩、こしょう各少々で下味をつけておく。しいたけは石づきを取って、4等分に切る。

2 鍋を熱してオリーブオイルを入れ、玉ねぎをいためる。透き通ってきたら鶏肉を加えていため（A）、色が変わったら、しいたけ、米を順に加えていためる。

3 2に水2½カップとトマトソースを注ぎ（B）、ローリエをのせ、塩、こしょうをしてよく混ぜる（C）。ふたをして初めは強火にかけ、蒸気が上がったら弱火で15分、最後に火を強めておこげを作る。

4 3を5分蒸らして炊上り（D）。上下をさっくりと返して器によそう。

D

あさりと豚肉のターメリックライス

スペイン風の炊込みご飯です。ターメリック、クミン、コリアンダーを加えてスパイシーに仕上げています。炊上りにたっぷり加えたクレソンがほろ苦く、米が野菜のように感じられる軽やかな一皿に。

A

B

材料 •5～6人分 •口径24cm
米　3カップ
あさり　400g
豚肩ロース塊肉　200g
A｜塩、こしょう　各少々
　｜にんにく（おろす）　1かけ分
　｜クミンパウダー　適量
にんにく（みじん切り）　2かけ分
エシャロット（みじん切り）*　4個分
ターメリック　大さじ2
クミンパウダー　小さじ1～2
コリアンダーパウダー　小さじ1
スープストック
　（鶏、野菜、魚介のいずれか）　3カップ
塩　小さじ2
オリーブオイル　大さじ3
クレソン（ざく切り）　2束分
レモン（くし形切り）　1～2個分
*玉ねぎのみじん切り¼個分でもいい。

1 あさりは砂出しをして、殻をよく洗う。豚肉は角切りにして、Aで下味をつける。スープストックを用意する。米は洗ってざるに上げておく。

2 鍋を熱してオリーブオイル大さじ2を入れ、豚肉をいためる（A）。一度取り出して残りのオリーブオイルを足し、にんにく、エシャロットをいためる（B）。豚肉を戻し、米を加えて透き通るくらいまでいためる。

3 2にターメリック、クミンパウダー、コリアンダーパウダー、スープストック、あさり、塩を加えてよく混ぜる（C）。ふたをして初めは強火にかけ、蒸気が上がったら弱火で15分、最後に火を強めておこげを作る。

4 3を5分蒸らして炊き上がったら（D）、クレソンを加えて上下をさっくりと返して（E）、余熱で火を通す。レモンを添えて。

C

D

E

身もふたも鍋になる

無水鍋はふたも鍋として使えることはご承知のとおり。特に〝身もふたも鍋になる〟使い方としてご紹介しておきたいのが、シンプルなソースのパスタです。身（鍋）でパスタをゆで、ふたでソースを作ると、ことのほか使い勝手がいいのです。にんにくやパセリを刻んでおけば、パスタのゆで時間だけで作れるほどの快速調理に。

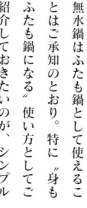

アンチョビーのパスタ

材料 ●2〜3人分 ●口径24cm

スパゲッティーニ　180g
塩　大さじ1
にんにく（みじん切り）　2かけ分
赤とうがらし　1本
アンチョビーフィレ　4本
オリーブオイル　大さじ3〜4
パセリ（みじん切り）　3〜4本分

1 鍋に2ℓほどの湯を沸かす。沸騰したらふたを取って塩を加え、パスタをさばいて入れ、ゆではじめる。

2 ふたはさっと水気をふいて、じか火にかける。オリーブオイルでみじん切りのにんにくを香りよくいため、手でちぎった赤とうがらし、アンチョビーを入れて、へらでつぶしてソースを作る。

3 パスタがゆで上がったら、鍋からふたへパスタを移してソースをからめ、パセリのみじん切りを混ぜたらでき上り。

きのこのアヒージョ

アヒージョの土鍋代りにふたを使います。半干しのしいたけをオリーブオイルで煮て、あつあつのうちにワインやパンなどを添えて。

材料 ●作りやすい分量 ●口径20cm

生しいたけ（石づきを取って二つにさく）　10枚分
ローリエ　4〜5枚
赤とうがらし　2本
にんにく　2〜3かけ
オリーブオイル　大さじ4〜5
フルール・ド・セル（塩）　適量

1 しいたけは2〜3時間乾かしておく。ふたにオリーブオイル、ローリエ、ちぎった赤とうがらし、つぶしたにんにくを加えて弱火にかける。じっくりと加熱して、にんにくの香りが出たら、しいたけを加えて、フルール・ド・セルをふる。

オーブン代わりになり、

無水鍋は熱がよく回って全体が高温になるので、オーブンのようにお菓子やパンを焼くことができます。また、余分なものがついていないので、オーブンウェアとしてオーブンに入れて焼くこともできます。フォカッチャを2種類作って両方の使い方をご紹介しましょう。トマトとケイパーのフォカッチャは口径20㎝のふたを型にして、鍋をかぶせて火にかけ、

オーブンウェアになる

蒸焼きにします。
玉ねぎとローズマリーのフォカッチャは口径24cmのふたを型にして、オーブンに入れてこんがりと焼きます。
生地の分量は二つとも同じですが、型の大きさや熱源の違い（ガス火とオーブン）でそれぞれに個性あるおいしさが生まれます。鍋のサイズはお好みで選んでください。

オーブンウェアになる

玉ねぎとローズマリーのフォカッチャ

オーブンで焼けた玉ねぎが甘みを増し、それをローズマリーの香気がきりっと引き締めます。

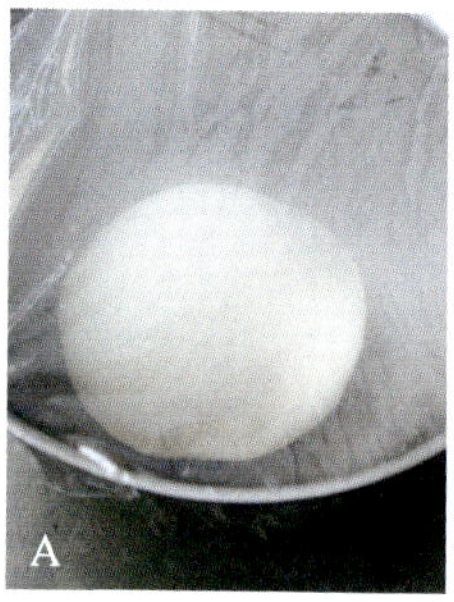
A

B

C

1 ボウルに薄力粉と強力粉を合わせてふるい、ドライイースト、砂糖、塩を加えてよく混ぜ合わせる。様子を見ながらぬるま湯を加えて混ぜ合わせ（湿度や粉の状況により異なる）、少し手につく程度のかたさにこねたら、取り出して台の上で手につかなくなるまでこねる。

2 ボウルにオイルをぬり、**1**の生地を入れてラップをかけ、温かいところに1時間ほどおいて発酵させる（A）。

3 **2**が充分にふくらんだら（B）、ガス抜きをして丁寧に丸める。

4 ふたに丸く切ったオーブンシートを敷き、生地を型に合わせてのばして入れる。ラップを軽くかぶせて温かいところに20分ほどおく（C）。

5 生地がふくらんできたら、指先に粉をつけて穴をあけ、オリーブオイルを穴に注ぐようにしてかける。玉ねぎ、ローズマリーをのせ（D）、フルール・ド・セルをふる。あらかじめ200℃に熱したオーブンで25分ほど焼く。表面がこんがり焼けてくるのができ上りの目安。

材料 ●作りやすい分量 ●口径20㎝または24㎝

薄力粉、強力粉　各150g
ドライイースト　5.5g
砂糖　小さじ2
塩　小さじ1
ぬるま湯　約1カップ
玉ねぎ（薄切り）　½〜1個分
ローズマリー　適量
オリーブオイル　適量
フルール・ド・セル（塩）　適量

D

オーブン代りになる

トマトとケイパーのフォカッチャ

小さい鍋の中でふっくらと焼き上がったフォカッチャは、切り分けるのが楽しくなるほど。おやつやワインのお供にどうぞ。

1
玉ねぎとローズマリーのフォカッチャの手順**1**、**2**と同様にして生地を作る。生地が充分にふくらんだら、ガス抜きをして、ケイパーの半量を加えて均一に入るように生地をたたむようにして合わせ、丁寧に丸める。

2
ふたに丸く切ったオーブンシートを敷き、生地を型に合わせてのばして入れる。ラップを軽くかぶせて温かいところに20分ほどおく。

3
生地がふくらんできたら、指先に粉をつけて穴をあけ、オリーブオイルを穴に注ぎ込むようにしてたっぷりとかける。手でちぎりながらミニトマトをのせ(A)、残りのケイパーを散らし、オレガノ、フルール・ド・セルをふる。

4
鍋をかぶせて強火にかけ、2～3分たったら中弱火にして25～30分焼く。下が焦げすぎないように火加減に注意する。中心までよく焼ければでき上り。

A

材料 ●作りやすい分量 ●口径20cmまたは24cm

薄力粉、強力粉　各150g
ドライイースト　5.5g
砂糖　小さじ2
ぬるま湯　約1カップ
ケイパー(塩漬け。塩抜きをする)　約½カップ
ミニトマト　10～15個
オリーブオイル　適量
オレガノ(生)　適量
フルール・ド・セル(塩)　適量

オーブンウェアになる

豚肉のオーブン焼き

塊肉や根菜を無水鍋に入れ、そのままオーブンに入れてじっくりと火を通します。すると塩だけでうまみが存分に引き出されるので、余分な調味料が必要ないほどです。しかもやわらかく、フォークでざっくり切り分けられるほど。肉の中はジューシーに、表面は焼き色をつけて仕上げたい、そんなときは迷わず無水鍋ごとオーブンへ。

材料 ●5～6人分 ●口径24cm

豚肩ロース塊肉　800g
塩、こしょう　各適量
ローズマリー　2～3枝
ローリエ　6～7枚
にんにく　3～4かけ
玉ねぎ　2個
にんじん　3～4本
オリーブオイル　大さじ3
ハーブソルト*　適量

＊イタリアンパセリ、タイム、オレガノ、ローズマリーなど好みのハーブを刻んで同量の天然塩と混ぜて作る。

準備 オーブンは180℃に熱しておく。

1 鍋を熱してオリーブオイルを入れ、塩、こしょうをした肉、ローズマリー、ローリエ、にんにくを入れてふたをする。火を止め、オーブンに入れて1時間半〜2時間焼く。途中50分ほどたったら、丸ごとの玉ねぎと半分に切ったにんじんを入れて一緒に焼く（A）。

2 肉に串を刺して、透明な汁が上がってくれば焼けている。ふたを取り、オーブンの上火で豚にこんがりとした焼き色をつける。野菜は取り出しておいてもいい。肉はトングやフォークでざっくりと切り分けられるほどにやわらかくなっている。食べやすく切り、焼き野菜とともに器に盛り、ハーブソルトを添える。

デザート

無水鍋で作る家庭的なおやつとして、蒸し菓子2品、蒸焼き菓子1品をご紹介します。甘いものがあるだけで心躍るのは、大人であっても変わりません。

あんずの蒸しバターケーキ

バターケーキには甘酸っぱいあんずがよく似合います。蒸焼きにもできますが、蒸したほうがしっとりとして口どけがやさしいのです。香りのいい紅茶と一緒に召し上がれ。

材料 ●プリン型6〜8個分 ●口径24cm

薄力粉　100g
ベーキングパウダー　小さじ½
卵　大2個
無塩バター　100g
砂糖　100g
干しあんずのシロップ煮
（汁気をきって粗く刻む）　5個分

準備
鍋に水を2cm深さまで注ぎ、蒸し板を敷いてふたをする。

1
薄力粉にベーキングパウダーを加えて、ふるっておく。卵は卵黄と卵白に分ける。

2
ボウルにバターを入れ、泡立て器で白くなるまでかき混ぜる。途中、砂糖80gを2〜3回に分けて加え、よくかき混ぜる。続いて卵黄を1個分ずつ加え、よくかき混ぜる。

3
別のボウルに卵白を入れ、泡立て器で泡立て、途中で砂糖20gを加え、かたく泡立てる（A）。

4
2のボウルに粉類（B）と**3**の卵白を交互に（C）、2〜3回に分けて混ぜ込む。最後の粉類を入れる前に、あんずを加えて混ぜる（D）。型にペーパーカップを敷き込み、生地を入れる（E）。

5
鍋を強火にかけて熱し、蒸気がよく上がったら、弱火にして**4**を入れる。ふたをして20分ほど蒸し、ふくらんで、表面がべたつかなければでき上り（F）。

A

B

C

D

E

F

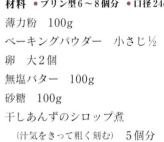

材料 ●作りやすい分量 ●口径24cm

薄力粉　100g
ベーキングパウダー　小さじ½
レモン　2個
卵　3個
砂糖　90g
粉糖　適量

レモンの蒸しケーキ

小さなざるを型にして蒸します。レモンの香りが心地よい、ふんわりとしたケーキです。

準備 鍋に水を2cm深さまで注ぎ、蒸し板を敷いてふたをする。

1 薄力粉にベーキングパウダーを加えてふるっておく。レモンは1個分だけ皮をすりおろして飾り用に少し取り分け、残りは果汁をしぼっておく。

2 ボウルに卵と砂糖を入れて、泡立て器でもったりするまで泡立てる。ここにレモン汁、皮のすりおろしを加えて混ぜ、1の粉を2〜3回に分けて加えて、さっくりと合わせる。

3 小さなざるにオーブンシートを敷いて、2の生地を流し込む。

4 鍋を強火にかけ、蒸気がよく上がったら弱火にして3を入れ、ふたをして20分ほど蒸す。中心に竹串を刺して何もついてこなければでき上り（A）。

5 4の粗熱が取れるまで冷まし、手で食べやすく割って（B）器にのせ、粉糖と取り分けておいたレモンの皮をふりかける。

A

B

材料 •作り やすい分量 •口径20cm

薄力粉　130g
ベーキングパウダー　小さじ1/3
無塩バター　100g
塩　ひとつまみ
粉糖　50～60g
卵　小1個
レモンの皮（おろす）　小さじ1
レモン汁　小さじ2
グラニュー糖　適量

ビスケット

蒸焼きの手法でバター風味のビスケットを焼きます。大きく1枚に焼いて、食べやすく切り分け、割りながらいただきます。

準備 鍋のふたを下にして鍋をかぶせ、火にかけておく。

1 薄力粉とベーキングパウダーを混ぜてふるっておく。

2 ボウルにバターを入れて塩を加え、白っぽくなるまでハンドミキサーで混ぜ、粉糖を加えてふんわりとするまで混ぜる。ときほぐした卵を少しずつ加え、ハンドミキサーで混ぜ合わせる。

3 2にレモンの皮とレモン汁を加え、1の粉を2～3回に分けて加え、ゴムべらでたたむようにして混ぜ合わせる。生地がゆるくなったら冷蔵庫に入れる。蒸し板のサイズに合わせて生地をのばし（A）、グラニュー糖をふる（B）。

4 蒸し板にオーブンシートを敷いて3の生地をのせ、あらかじめ温めておいた鍋に手早く入れ、ふたをして弱火で15～20分焼く。

5 ときどき様子を見て、火加減を調節する。焼き上がったら熱いうちに食べやすく切り分け、粗熱を取ってからいただく。

A

B

有元葉子　ありもと・ようこ

料理研究家。料理は掛け値なくおいしく、材料、調理法は極力シンプルであることをモットーに、食の安全や環境への配慮も重視した食生活を提案。また同時に、使い手の立場に立ったキッチン道具の開発にも力を注ぎ、好評を得ている。著書に『干し野菜のすすめ』『玄米　私の楽しみ方』『「わたしのフライパン」料理』『だしとスープがあれば』『有元葉子のマリネがあれば』『有元葉子　うちのおつけもの』（いずれも文化出版局）など。本書はロングセラー『有元葉子の無水鍋料理』（文化出版局）に続く、無水鍋を使った最も新しい料理の提案書である。

アートディレクション　昭原修三
デザイン　植田光子（昭原デザインオフィス）
撮影　三木麻奈
スタイリング　千葉美枝子
校閲　山脇節子
編集　浅井香織（文化出版局）
協力　広島アルミニウム工業株式会社

1953年に誕生した無水鍋は、何度かモデルチェンジをしながら現在の形になりました。今もなお、広島アルミニウム工業の祇園工場で、熟練の職人によって丁寧に製造されています。
作業工程はまず、アルミニウム合金の塊を溶融して、それを鋳型に均一に流し込みます。次に固まった鍋の表面を切削機械にかけて４割ほど削り、最後に研磨をしてつややかに仕上げたら完成です。

無水鍋 20cm「4 合炊き」
深さ／本体 7.8cm、ふた 3.4cm　容量／本体 2.4 ℓ、ふた 1.0 ℓ
重量／本体 750g、ふた 600g

無水鍋 24cm「6.5 合炊き」
深さ／本体 9.4cm、ふた 4.2cm　容量／本体 4.0 ℓ、ふた 1.9 ℓ
重量／本体 930g、ふた 850g

＊専用の蒸し板はインターネットのみの販売。
問合せ先＝株式会社 生活春秋　電話 082－239－1200

- 「無水鍋 ®」は株式会社日本食生活改善指導会の登録商標です。
- アルミニウムがアルツハイマー病を引き起こすという説は、WHO（世界保健機関）のレポートで否定されています。安心してお使いください。

無水鍋で料理する

2015年11月22日　第1刷発行

著者　有元葉子
発行者　大沼 淳
発行所　学校法人文化学園 文化出版局
〒151-8524　東京都渋谷区代々木3-22-1
電話　03-3299-2565（編集）
03-3299-2540（営業）

印刷・製本所　凸版印刷株式会社

文化出版局のホームページ　http://books.bunka.ac.jp/